TREINAMENTO DE GOLEIRO

Dados Internacionais de Catalogação na Publicação (CIP)
(Câmara Brasileira do Livro, SP, Brasil)

Abelha, João Batista Lopes.
Treinamento de goleiro / João Batista Lopes Abelha. – São Paulo: Ícone, 1999.

ISBN 85-274-0560-1

1. Goleiros de futebol 2. Futebol – Treinamento I. Título.

99-0253 CDD-796.33426

Índices para catálogo sistemático:

1. Futebol: Goleiros: Treinamento: Esporte	796.33426
2. Goleiros: Futebol: Treinamento: Esporte	796.33426

João Batista Lopes Abelha

Professor de Educação Física, formado pela
Faculdade de Educação Física de Sorocaba (FEFISO)

Curso de Treinador de Futebol (1992) *SITREPESP*

Curso Internacional para Treinadores de Futebol (1998) *Soccer Clinic*

Curso de Especialização para Treinamento Profissional de Futebol (1998),
Escola de Educação Física e Esporte (USP)

TREINAMENTO DE GOLEIRO

Técnico e Físico

Ícone editora

Produção e Diagramação
Rosicler Freitas Teodoro

Ilustração
Marcelo Gomes de Souza

Revisão
Antônio Carlos Tosta

ÍCONE EDITORA LTDA.
Rua das Palmeiras, 213 — Sta. Cecília
CEP 01226-010 — São Paulo — SP
Tels./Fax.: (011)3666-3095

**Carinho especial aos
meus pais, minha esposa, minhas
filhas e meus irmãos.**

**Meus agradecimentos aos companheiros de profissão (goleiros e treinadores).
Em especial aos professores:
Flávio Trevisam
Valdecir Paula Lima
Fábio Gianolla
Emerson H. Del Cistia**

Índice

1 – Prefácio 11

2 – Introdução 13

3 – Qualidades do goleiro 15

4 – Mensagem ao treinador 19

5 – Fundamentos do goleiro 23
   5.1 – Posição anatômica 23
   5.2 – Colocação 24
   5.3 – Como segurar a bola 25
      5.3.1. – Bola rasteira 25
      5.3.2. – Bola a meia altura 27
      5.3.3. – Bolas altas 28
   5.4 – Bolas cruzadas 29
   5.5 – Punhos (socar a bola) 30
   5.6 – Tiro de canto 31
   5.7 – Barreiras 32
   5.8 – Penalti 33
   5.9 – Tiro de meta 34

6 – Treinamento técnico 37
   6 – Treinamento 37
   6.1 – Aquecimento com bola 38
   6.2 – Exercícios localizados 39
   6.3 – Exercícios no gol com o uso das mãos 45
   6.4 – Exercícios no gol com o uso dos pés (chutes) 50
   6.5 – Exercícios com o uso dos cones 54
   6.6 – Exercícios com o auxílio da corda elástica 56

7 – Exercícios em geral 59
7.1 – Exercícios de aquecimento 59
7.2 – Exercícios abdominais 67
7.3 – Exercícios diversos 71
7.4 – Exercícios de alongamento 75

8 – Circuit training (C.T.) 79

9 – Musculação 83

10 – Acessórios do goleiro 93

11 – Frases sobre o goleiro 95

12 – Considerações finais 96

1. Prefácio

Participei da evolução e desenvolvimento do futebol no Japão, procurando sempre, muito mais do que qualquer realização pessoal, colaborar para que esta evolução se desse sem os defeitos e vícios que, de um modo, maculam a organização da prática deste esporte.

Foi um longo e penoso caminho, percorrido com muita determinação, trabalho e sacrifício, não faltando, muitas vezes, os críticos contundentes, analistas impiedosos, que a seu modo, procuravam também servir e buscar o mesmo objetivo.

Nesta minha passagem pelo futebol japonês, tive oportunidade de conviver e conhecer melhor o autor deste livro, o Abelha é um dos mais competentes profissionais que conheci na área de preparação de goleiros.

Passamos um bom tempo, eu como jogador e ele como responsável pela preparação de goleiros do Kashima Antlers, um dos principais times do futebol profissional do Japão.

Entre os inúmeros acontecimentos e fatos importantes que dignificam e honram o futebol, mais um vem se juntar, para nossa alegria e satisfação, sobretudo, na formação dos goleiros e seus preparadores: o lançamento desta obra literária de excelente nível.

Talvez muitos estejam questionando sobre as razões da importância de um livro didático específico para goleiros. Claro que todas as posições numa equipe de futebol, sem dúvida nenhuma são importantes, entretanto, uma posição que não admite erros ou falhas é a do goleiro.

O goleiro, quando erra ou falha, inevitavelmente é punido com a maior punição do futebol que é o gol, levando, na maioria das vezes, a sua equipe, ao pior dos resultados, que é a derrota.

E por incrível e irônico contraste, este mesmo gol, que faz a maior e mais deliciosa alegria dos demais jogadores, quando são os seus autores, ao goleiro é praticamente impossível. Alegra-se por seus companheiros e pelo resultado coletivo, entretanto, por si mesmo, lhe é quase proibido.

Não resta dúvida que teria a compensação da grande defesa, da ponte imortal, ou mesmo, ainda paradoxalmente, o milagre de evitar este mesmo gol por iniciativa de seu adversário, consagrando-se e garantindo à sua equipe, algumas vezes, título sumamente valioso.

Mas os outros jogadores, além de fazerem gol, também têm a jogada consagrada, o drible e a finta envolvedoras, a cabeçada cinematográfica, o chute arrazador. Claro que tem. Mais uma vez há um desequilíbrio contra o solitário goleiro.

Depois de todas estas ilações, não podemos deixar de concluir que faz-se necessária toda uma preparação especial e específica para esta nobre posição numa equipe de futebol. Não se pode desprezar os conhecimentos e a grande experiência de profissionais que ocupam esta posição quando atletas e posteriormente se dedicam à preparação de novos atletas para esta posição.

Este livro, de responsabilidade de um dos mais competentes e honestos preparadores de goleiros, com quem tive a honra de trabalhar, testemunhando inclusive a sua enorme dedicação e carinho com seus liderados, certamente terá um grande sucesso e será de grande utilidade para todos os que estão envolvidos com o futebol.

Agradeço ao seu autor, o Abelha, a honra que me concedeu solicitando que eu prefaciasse esta obra, esperando que tenha o sucesso merecido e o reconhecimento devido.

2. Introdução

Decidi escrever sobre Treinamento de Goleiro, porque ao longo de minha carreira notei que esta posição merecia um tratamento diferenciado dos demais companheiros.

Sendo esta posição de muita responsabilidade, percebo que muitas vezes as instruções e treinamentos são ministrados sem o cuidado e atenção que ela merece. Este material vai contribuir e muito aos goleiros já formados, aos jovens que serão os goleiros de amanhã e também aos treinadores.

A posição de goleiro em relação ao time é de vital importância, sua participação em determinados lances da partida pode ser a consumação de uma vitória ou até mesmo a derrota. Dizem que todo time começa com um bom goleiro, portanto caberá a nós que temos a missão de treinadores darmos o primeiro passo para a formação de bons goleiros e conseqüentemente boas equipes.

Tive em minha carreira de goleiro a orientação de companheiros de profissão e de treinadores que com todos os seus conhecimentos sempre procuravam me alertar para aquilo que fosse correto ou não. Com a minha experiência, além de livros, revistas e materiais didáticos, todos esses elementos me deram a certeza que poderia elaborar um programa de trabalho eficiente.

Por isso tive essa preocupação e queria, se possível, ver os goleiros sendo treinados por pessoas realmente capacitadas para tal função. Essa posição exige sacrifício, determinação, perseverança, força de vontade. Muitas vezes os goleiros são pegos de surpresa por uma bola mal chutada ou por excesso de confiança.

Mas temos que superar todas essas adversidades, pois ao defendermos uma bola e evitarmos o gol, mostramos a nossa importância e que o trabalho da equipe depende de nossa capacidade. Sendo assim os goleiros devem estar sempre atentos e altamente condicionados para tal tarefa.

O que procuro mostrar nesse livro é de fácil assimilação, explico desde as qualidades de um bom goleiro até os acessórios a serem por ele utilizados. Com certeza não encontrarão dificuldades em entender e executar o que me propus a transmitir, pois utilizei uma linguagem simples, além de ilustrações com fotos e desenhos facilitando o processo ensino-aprendizagem.

Para os goleiros em fase mais adiantada, mas que precisam de algo mais para sua evolução, esse material será de grande utilidade, com novos exercícios e novas informações.

Jovens que almejam essa posição, também não esqueci de vocês. Será de grande valia iniciar o quanto antes os treinamentos, bem como as correções necessárias para que, atingindo a idade de 18 a 20 anos, estejam altamente condicionados e com seus defeitos quase que todos eliminados.

Garotos não fiquem impressionados com os exercícios, tenham precauções, pois eles foram executados por goleiros com capacidade técnica e física bem adiantadas, mas nem por isso deixem de fazê-los, procure a orientação de seus professores ou treinadores e pergunte sobre o exercício compatível com sua idade.

Para os treinadores que têm a árdua missão de orientar seus goleiros sobre aquilo que é melhor para eles, destinamos um capítulo. Entenderão o quanto é importante o seu papel, o seu convívio diário com os goleiros, a necessidade do treinamento diário, o envolvimento com o lado emocional de cada atleta etc.

Por último, desejo, com toda a sinceridade, que este material possa trazer subsídios para uma melhoria considerável dessa função. É um trabalho aparentemente simples, mas me sentiria eternamente gratificado se pudesse de alguma forma auxiliá-los.

Vamos em frente, o trabalho do dia-a-dia, as alegrias, as tristezas, as vitórias e derrotas estarão caminhando lado a lado conosco e com certeza seremos vencedores, pois o trabalho proposto será executado com alto espírito de luta e dedicação.

Não se esqueçam de que em todas as atividades de trabalho é indispensável que tenhamos prazer ao realizar a nossa tarefa.

Boa sorte!
ABELHA

3. Qualidades do Goleiro

1 — Padrões Físicos

1.1. — Antropométricos

Estatura — a melhor altura situa-se entre 1,80 e 1,90 cm, não querendo dizer que com um pouco mais ou menos não possua condições de ser GK.

Peso — tem que ser proporcional à sua altura, a quantidade de gordura é pequena, maior quantidade de massa magra e músculo.

1.2. — Neuromotoras

Coordenação — é a realização de movimentos eficientes com harmonia e pouco esforço, ou seja, maior performance e menor gasto energético. O equilíbrio e o ritmo devem ser trabalhados no sentido de melhorar a coordenação do atleta para que seus movimentos sejam precisos e seguros.

Flexibilidade — com capacidade dos músculos e articulações realizarem os movimentos de grande amplitude. Esses movimentos devem ser executados com rapidez e sem dificuldades.

Velocidade — existem 3 tipos a serem utilizadas pelo GK.

- **Deslocamento** — onde o GK deve percorrer uma determinada distância no menor tempo possível.
- **Segmentar** — onde o GK deve movimentar os membros superiores e inferiores o mais rápido possível.
- **Reação** — onde o GK recebe um estímulo e deve responder de maneira rápida, quase que sem pensar num menor espaço de tempo.

Agilidade — quando o GK consegue mudar rapidamente a direção de um determinado movimento com rapidez e naturalidade, isso ocorrendo podemos dizer que ele é ágil.

Habilidade — ocorre quando realiza-se um movimento com alto grau de complexidade sem dificuldades. Os saltos e as quedas usados pelo GK são realizados exigindo-se um grau de habilidade, também se torna necessária para a realização de movimentos rápidos e decisivos.

Força — especificamente os GK exigem mais Força de Explosão, ou seja, quando a força é executada com velocidade. Também é utilizada nos momentos dos saltos que é a capacidade de arranque, sendo assim quando o GK recebe um estímulo ele reage imediatamente acelerando a velocidade ao deslocar-se.

É indispensável que possua uma boa Resistência Muscular Localizada (RML) para que seu corpo (músculo) possa suportar todo o esforço exigido nos treinos, bem como nas partidas.

1.3. — Metabólicas

Capacidade e/ou Potência Aeróbia ou Anaeróbia — é a condição de suportar um esforço prolongado. Ela pode ser Aeróbia (quando o atleta resiste a um trabalho prolongado de intensidade fraca à média), Anaeróbia (quando o atleta resiste a um trabalho curto de intensidade média à forte). Em se tratando de GK é importante que possua essas duas qualidades: a Aeróbia para poder movimentar durante os jogos e suportar a carga de treinamento; Anaeróbia Alática para que possa realizar movimentos rápidos e bruscos com alta intensidade de esforço.

2 — Padrões Técnicos

Saltos (quedas) — é importante saber cair para os dois lados (D-E) com bolas rasteiras, a meia altura e altas, não nos esquecendo de que maneira está se efetuando a queda, pois sendo mal executada certamente poderá causar alguma lesão.

Colocação — em muitas situações o gol é evitado em razão da boa colocação do GK, inclusive evitando uma defesa com certo grau de dificuldade; essa qualidade é adquirida através de muitos treinos onde o treinador exige o posicionamento correto.

Visão de Jogo/Atenção — por estar de frente para o jogo, o GK possui o privilégio de ter a ampla visão de jogo, sendo assim tem a incumbência de comandar a sua defesa e se possível a equipe toda. Esse comando deve ser sempre no intuito de orientar e se possível antes da jogada ocorrer; em determinadas situações o GK pode alertar o companheiro ou até mesmo antecipar uma jogada, ou seja, deve estar totalmente concentrado nos movimentos que ocorram durante uma partida.

3 — Padrões Psicológicos

Tranqüilidade/Confiança — é indispensável possuir tranqüilidade para que os aspectos mental, físico e técnico possam ser de grande utilidade; a Confiança deve sempre estar presente naquilo que está fazendo e transmitir isso aos companheiros para que os mesmos se sintam despreocupados com relação ao GK.

Responsabilidade/Força de Vontade — o GK tem que ser altamente responsável tanto pela sua forma física como técnica, somos bem mais cobrados em todos os momentos do que qualquer outra posição; a Força de Vontade tem que estar presente em todos os momentos, não desistir facilmente, não se importar com possíveis falhas que com certeza virão, ter personalidade forte, auto-crítica e não se abalar com facilidade.

Coragem/Decisão — muitas vezes o gol é evitado através de uma jogada corajosa do GK, principalmente quando se divide uma bola com o adversário no chão ou pelo alto; a Indecisão pode ser fatal e não poderá existir, ao contrário, ter firmeza naquilo que vai fazer.

Sorte — sempre vem acompanhada pelo seu trabalho, esforço e dedicação.

4. Mensagem ao Treinador

Ao Treinador

Antigamente, os GK não possuíam pessoas específicas para administrar os seus treinos.

Muitas vezes pessoas com boa vontade, mas sem conhecimento no assunto eram incumbidas de treinar GK.

Com o passar dos anos e a implantação de um futebol moderno, com preparação física adequada para cada posição, admitiu-se a possibilidade de possuir um elemento capacitado e específico para conduzir o treinamento de GK.

Geralmente o treinador da equipe está preocupado com a orientação de sua equipe durante os treinamentos e fica impossível para ele tentar administrar qualquer tipo de treinamento aos seus GK.

É a partir desse ponto que surgem os grandes problemas, pois os GK ficam em segundo plano, não tendo uma preparação adequada, e muitas vezes por vontade própria tentam conduzir o treino, mas isso é uma tarefa que não cabe a eles, seria mais viável que tivesse uma pessoa específica para isso.

Na minha carreira profissional enquanto GK já fui treinado por pessoas que anteriormente tinham sido GK e por outras que não foram.

Penso que isso não venha a influir muito, pois existem pessoas altamente capacitadas que não foram GK, mas que possuem um conhecimento e uma didática melhor talvez que ex-GK.

Sendo assim, tem espaço para todos trabalharem é só ter capacidade e conhecimento sobre futebol especificamente da posição de GK.

A realização de estágios, cursos etc. será de grande utilidade aos profissionais, pois a cada dia surgem novas técnicas de treinamento e cada profissional tem o direito de buscar novos horizontes.

Quando falo sobre a importância do treinador é para que fique bem claro a todos que estamos trabalhando com uma posição em que a porcentagem de erro deve ser a menor possível, pois uma falha do GK dificilmente é corrigida pelo companheiro e na maioria das vezes resulta em gol. Sendo assim a função de treinador para a posição exige um alto grau de dedicação e conseqüente valorização do seu trabalho.

A seguir daremos alguns requisitos que todo o treinador deve possuir:

– Terá que ser uma pessoa com subsídios para treinar os GK, tem que ter firmeza naquilo que está ensinando, orientando e transmitir isto aos seus comandados.

– Ter um ótimo relacionamento com os GK, é importantíssimo que o GK tenha confiança em seu treinador, e fique tranqüilo que o que está sendo feito é para seu bem e conseqüentemente o bem da equipe.

– Procurar tornar o treino o mais agradável possível, sem monotonia, evitando que a rotina de treinamento seja sempre a mesma, por isso a cada treino deve-se variar o tipo de trabalho.

– Após as partidas procurar analisar com os GK o que foi feito e aquilo que pode ser melhorado.

– O que está certo deve-se elogiar, o que está errado mostrar o certo e motivá-lo a não repetir o erro.

– Quando aparecerem falhas durante os treinos e jogos, tentar corrigi-las logo em seguida para não passarem desapercebidas, após realizar o certo não esquecer de elogiá-lo.

– Saber dosar o treinamento, não precisa deixar os GK exaustos, nem sempre a aparência de cansaço demonstra que o treino foi proveitoso.

– O GK bem preparado fisicamente, tecnicamente e psicologicamente, é meio caminho andado para grandes vitórias.

O que o GK espera de seu treinador?

Sonho

Motivação

Atenção

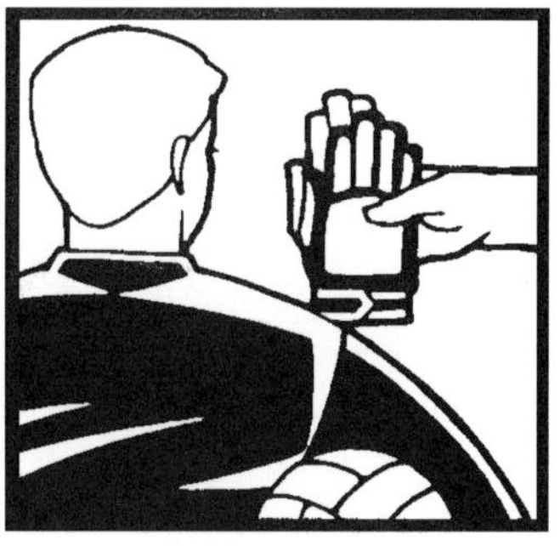

Exemplo

Ajuda

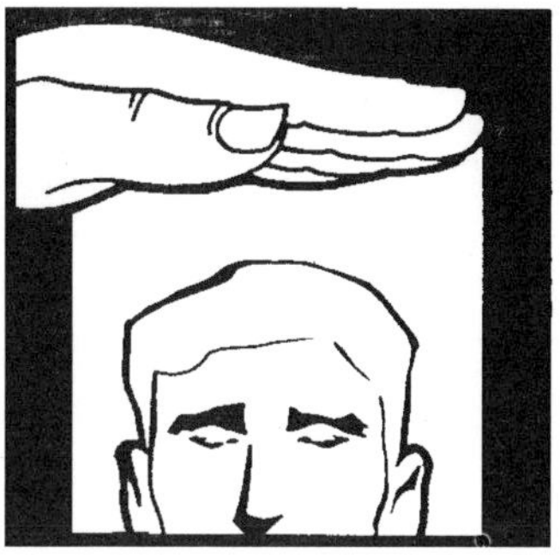

Compreensão

Dedicação

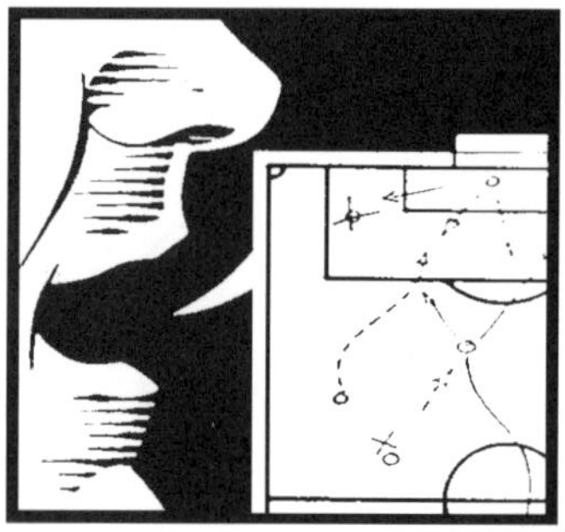

Ensinamentos

Resultados

Amizade

5. Fundamentos do Goleiro

Falaremos um pouco das diversas maneiras que o goleiro deve agir em determinados momentos.

Como existem vários procedimentos de como se comportar em alguns lances, resolvi enumerá-los.

5.1. Posição anatômica

A melhor maneira do goleiro se posicionar é estar com quadril e joelhos ligeiramente flexionados, membros inferiores afastados um pouco mais que a largura dos ombros, articulação gleno-umeral em abdução, com flexão do cúbito.

Aconselha-se que o goleiro deva ficar descontraído para facilitar uma saída rápida; a contração e o endurecimento dos músculos torna os movimentos mais lentos.

Como observamos na foto, a posição inicial se assemelha a uma mola pronta para disparar.

5.2. Colocação

O goleiro tem que estar sempre bem colocado, muitas vezes uma defesa é feita sem a necessidade de realizar o salto porque ele está bem posicionado.

Se o goleiro estiver bem colocado, o ângulo de chute para o atacante fica pequeno, havendo assim maior possibilidade de se evitar o gol.

Na técnica recomenda-se que o posicionamento correto deva ser com o goleiro posicionado sobre a bissetriz do ângulo formado pelos postes laterais do gol e a bola.

Quanto mais próximo da bola ele estiver sobre a bissetriz, menor será o ângulo de chute do atacante. Porém deve ficar atento, pois quanto mais adiantado ele se colocar, existirá a maior possibilidade de ser encoberto.

Mas é através de muito treino que o goleiro alcançará a boa colocação; será um procedimento automático que o goleiro adquirirá com o decorrer do tempo

A seguir as figuras e fotos mostram o que expliquei acima.

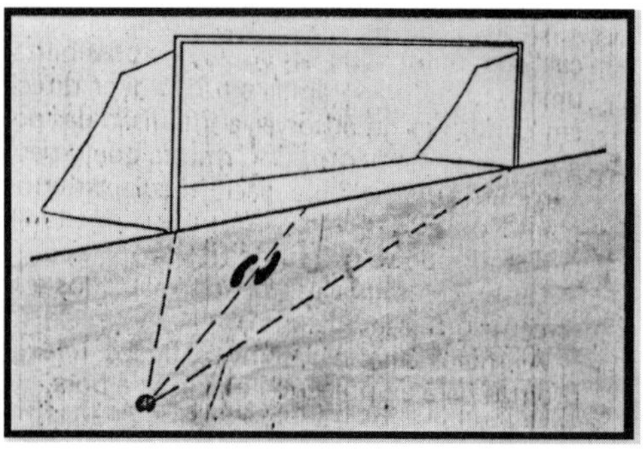

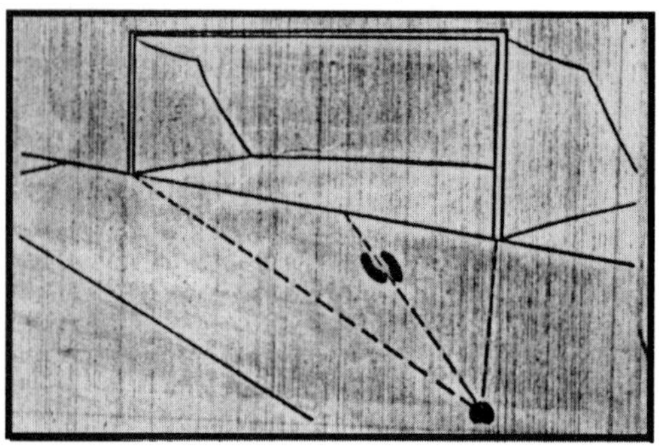

5.3. — Como segurar a bola

Neste item falaremos sobre os 3 tipos de defesa, a bola rasteira, a bola a meia altura, e a bola alta.

Antes porém não devemos esquecer de mencionar que é importante que o goleiro defenda a bola com simplicidade e segurança.

Não se pode admitir que um goleiro se complique em uma bola considerada fácil, pelo simples fato de querer tornar esta defesa em lance cinematográfico; por isso aconselhamos que deva permanecer em pé tanto quanto possível.

O bom goleiro não é reconhecido por fazer saltos espetaculares, mas sim pela sua regularidade, segurança e colocação.

Por falar em colocação é importante que ao realizar uma defesa o corpo esteja atrás da linha da bola.

5.3.1. — Bola rasteira

Este é o tipo de defesa que mais deveremos ter atenção, pois muitas vezes a trajetória da bola muda em decorrência do gramado.

Quando for possível o goleiro estar atrás da linha da bola (corpo) deve assim proceder: flexionando uma das pernas, um joelho toca o solo, os braços estendidos e mãos em forma de concha, quando a bola tocar em suas mãos, flexionar os braços e trazer a bola para junto do peito, conforme fotos abaixo.

A perna flexionada impede a passagem da bola por entre as pernas.

É muito freqüente o goleiro também se utilizar de outro recurso para defender uma bola rasteira, principalmente quando ela quicar à sua frente.

Nessa situação aplica-se o "peixinho", que consiste em lançarmos o nosso corpo para frente e recolhermos a bola para junto de nosso peito. Esse tipo de defesa é muito aplicado principalmente em dias que o gramado se encontra molhado, pois ela nos oferece mais segurança.

Quando a bola for para o lado e houver a necessidade de realizarmos uma queda, os braços estarão estendidos, com uma das mãos atrás da bola e outra por cima.

Se o goleiro desejar fazer a defesa por completo, assim que segurar a bola, deverá trazê-la imediatamente na altura do abdômen, com as pernas se encolhendo como um canivete, isso para nos proteger.

Caso contrário espalme a bola sempre para o lado ou linha de fundo.

5.3.2. — Bola a meia altura

Quando a bola vem a essa altura, denominamos essa defesa de encaixar a bola, sendo que o movimento de amortecimento deverá ser sincronizado entre braços e tronco.

Não podemos esquecer, se possível, o corpo que deve estar atrás da bola; isto facilita a ação do goleiro em caso de rebote.

Não havendo possibilidade de efetuar a defesa em pé, aplica-se o salto com as mãos em forma de concha e sempre atrás da bola.

Mostraremos, agora, a posição correta das mãos ao fazer a defesa; observar para que o goleiro a faça com acerto, pois é usada com freqüência; também se aplica nas bolas altas.

Se realizar a defesa, completa ou não, procurar executar o mesmo procedimento que foi utilizado nas bolas rasteiras.

5.3.3. — *Bolas Altas*

A posição das mãos é sempre em forma de concha.

Quando for necessário o salto exige elasticidade e impulsão; se for feita a defesa completa, ao cair, proteger a bola com o corpo. Neste tipo de defesa exige-se muita segurança.

Se assim for necessário poderá espalmar a bola para o lado. Neste tipo (bola alta), existe um momento em que a bola não pode ser defendida com as duas mãos, neste lance aplica-se um tapa na bola, desviando para o alto (linha de fundo).

Se essa bola for do lado e alta e obrigar o goleiro a fazer o salto e ele sentir que não vai conseguir defendê-la com as duas mãos, aplica-se o recurso que denominamos de Mão Trocada.

Observa-se que na figura abaixo por exemplo, no caso de bola alta no canto esquerdo, a mão direita alcança uma altura bem mais alta do que a esquerda.

Na minha opinião talvez seja essa a defesa que requer maior treinamento, pois exige maior coordenação, impulsão e elasticidade, por isso para um iniciante será trabalhoso a orientação dessa defesa.

Observamos que muitos goleiros, ao caírem após a defesa, rolam e ficam de costas para o campo. Isso tem que ser corrigido porque se a bola após a defesa voltar para o campo, o goleiro tem que estar de frente para ele e olhar o que está ocorrendo.

5.4. — Bolas cruzadas

De vital importância para todo bom goleiro é sair bem do gol em bolas altas cruzadas sobre a sua área.

Sempre que possível pegar a bola no ponto mais alto; tem que ter decisão ao sair, pois qualquer vacilo poderá ser fatal para ele.

Recomenda-se que ao fazer a impulsão, o goleiro flexione um dos joelhos como forma de proteção.

É importante para o goleiro ter o "time", ou seja, o tempo de bola certo para sair e fazer a defesa, sendo ela completa ou dar um soco na bola.

Isso se consegue através de muito treino e orientação.

Ao sair, nunca pare no meio do caminho, saia na certeza do que vai fazer, se vai defender ou socar a bola.

5.5. — Punhos (socar a bola)

Muitas vezes ficamos impossibilitados de fazer a defesa em um cruzamento para a nossa área. Neste caso, então, realizamos a rebatida com os punhos. Em uma bola frontal utilizamos os dois punhos para socar a bola.

Nas bolas cruzadas lateralmente, o goleiro deve socar a bola com apenas um punho, dando continuidade à trajetória da bola.

5.6. — Tiro de canto

A cada dia que passa este tipo de situação torna-se cada vez mais perigosa para os goleiros. Com os treinos, os adversários se aprimoram para tentar obter êxito neste tipo de cobrança.

Todavia os goleiros também estão sendo treinados para este tipo de situação, porém se exige que façam o melhor possível, pois, talvez seja esta uma deficiência que a maioria dos goleiros possuem.

Como falei anteriormente nas bolas cruzadas, é importante que o goleiro adquira o tempo de bola, para que não seja atrasado e nem adiantado e sim chegue no momento certo, de preferência no ponto mais alto, pois é claro que com os braços erguidos e mais a impulsão, ele levará uma certa vantagem sobre os adversários.

Não deve se sentir inseguro, vacilante; quando tiver que sair tem que ser seguro e objetivo, sabendo o que irá fazer (se defende, se soca com as duas mãos ou com uma dando continuidade à bola).

Digo que deve ser decidido tanto em bolas cruzadas como no tiro de canto, pois toda a equipe tem que confiar nele e saber que quando gritar que a bola é "sua" (goleiro), todos possam ficar tranqüilos e que isso não acarretará problemas à equipe.

Muitas vezes o goleiro se complica porque o seu grito de orientação nem sempre é cumprido por ele mesmo, acontecendo dele ficar no meio do caminho. Quando isso ocorre, às vezes, surgem situações dramáticas para toda a equipe.

Tenho comigo o seguinte raciocínio: quando for para sair, sendo escanteio ou bola cruzada, se não for para defender, procuro socar a bola para o mais longe possível.

Ao longo de minha carreira pude observar que quando um jogador bate com o pé trocado, ou seja, um escanteio da esquerda é batido com o pé direito, existe maior possibilidade dessa bola vir mais fechada (direta ao gol), então minha posição inicial é de ficar no meio do gol, como indica a figura abaixo.

Por outro lado, se a cobrança for feita com o pé bom, ou seja, batido o escanteio da esquerda com o pé esquerdo, a situação é contrária, com trajetória da bola saindo do goleiro. Isso acontecendo, é bem provável que esta bola seja lançada no 2º pau, então, neste caso, a minha posição inicial seria de um passo para trás em relação ao meio do gol.

A figura mostrará como se posicionar.

Deve-se ficar atento também para a proteção do 1º pau, pois fica difícil se a bola vier baixa, o goleiro pode ser antecipado pelo adversário, por isso aconselho que proteja bem esse lado.

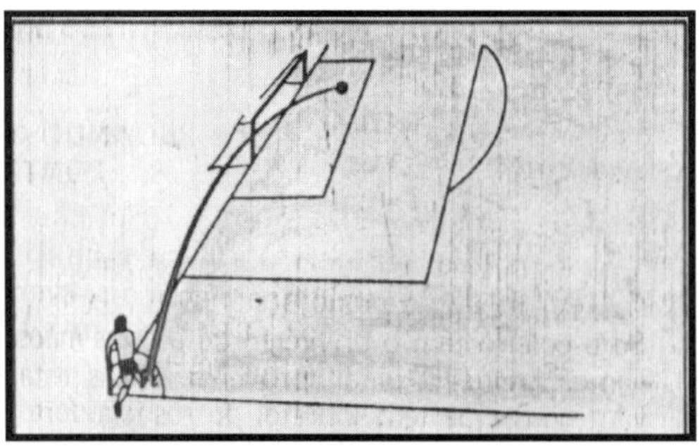

5.7. — Barreiras

Como tudo no futebol evoluiu, também neste tipo de cobrança a habilidade dos cobradores é cada dia maior.

Existem barreiras feitas por goleiros que deixam um espaço no meio (Fig. 1), porém no meu caso sempre preferi a maneira mais tradicional, ou seja, a barreira protegendo o lado que está a bola (Fig. 2).

Fig. 1

Fig. 2

Não gosto de colocar muita gente na barreira, se a falta for quase na risca da área grande e frontal, 5 ou 6 jogadores é o necessário. Ocorre que muitos jogadores na barreira nos deixam sem a visão da bola, é importante que o goleiro veja a bola e não se esconda atrás da barreira.

Meus treinadores e colegas de profissão sempre me disseram que muitas vezes, por habilidade dos cobradores, a bola chutada por cima da barreira faz com que se torne sua defesa difícil, porém temos que nos esforçar para evitar o gol. Isto ocorrendo de maneira que não possamos evitar o gol, torna-se mérito do cobrador; agora o que não pode acontecer é se tomar o gol com a bola sendo chutada no canto em que o goleiro estava posicionado.

Os treinamentos de falta com barreira, podem ser feitos com o auxílio de barreira móvel que é de muita utilidade para esse tipo de cobrança, pois treinamos na distância que queremos e também com quantos jogadores necessitamos.

Quando houver a necessidade de colocação de barreira observar:

- sempre um jogador a mais em relação ao poste lateral e à bola, chamamos esse jogador de base da barreira;
- procurar ver a bola e o batedor;
- um jogador para cobrir o passe lateral da barreira;
- um defensor para ir proteger o goleiro em caso de rebote;
- goleiro atento às jogadas ensaiadas;
- o goleiro é quem comanda a barreira.

Porém em algumas situações, se preferir, o goleiro não precisa pedir a formação de barreira, mas isso tem que ser uma atitude partida do próprio goleiro.

5.8. — Penalti

Um lance em que as possibilidades de defesa do goleiro são poucas, mas que nem por isso podemos ser batidos facilmente.

Seria impossível dizer aqui que o goleiro tem que ir para a bola acompanhando a trajetória da mesma. Por ser uma distância curta, a velocidade da bola é muito mais rápida que a velocidade de reação do goleiro.

Por isso temos que arriscar um canto; como disse acima é um lance onde as nossas possibilidades de defesa são pequenas.

Porém com o passar dos anos pude sentir que existem certos procedimentos que nos ajudam a tornar esse lance defensável.

1 – Ficar bem tranqüilo e transferir toda a responsabilidade para o cobrador.

2 – Observar os olhos do cobrador.

3 – A posição do pé na hora do chute.

4 – Procurar saber em que canto o batedor tem preferência.

5 – Ficar parado o maior tempo possível, somente se mexer quando ele estiver com o pé bem próximo da bola.

6 – As estatísticas nos mostram que o batedor com o pé direito tem a preferência pelo canto direito e vice-versa.

7 – Treinar cobranças de pênaltis com os companheiros sempre que puder.

5. 9. — Tiro de Meta

O tiro de meta não pode ser um chute sem direção; deve-se direcionar a trajetória da bola para um jogador em melhor situação, é necessário que o goleiro tenha habilidade tanto nas mãos, como nos pés. Deve-se desde cedo insistir que o goleiro chute a bola tanto com o pé direito como o esquerdo.

Não posso entender o porquê de muitos não realizarem a cobrança do tiro de meta, é prejudicial o goleiro ter que deslocar um companheiro de sua posição original, para realizar o tiro de meta. Somente em caso de necessidade é que transfere para um companheiro a execução da cobrança.

Por isso volto a insistir que é importante desde cedo o goleiro aperfeiçoar seu chute. Mesmo que já tenha uma certa idade deve-se proceder da mesma maneira que um iniciante, ou seja, estimulá-lo através de treinos, a técnica do chute.

Esse procedimento pode ser realizado durante os treinos, com o treinador indicando o local que a bola deverá ser lançada.

Outra situação muito freqüente nos jogos é quando a bola está em jogo e o golciro fica com ela; às vezes é necessário chutá-la para frente.

Nesta situação o goleiro também pode ser importante, pois uma bola bem reposta em jogo, pode ajudar num contra-ataque fatal. Quando houve a possibilidade, sempre gostei de repor a bola rapidamente, para pegar a defesa contrária desatenta.

Em muitos casos somos obrigados a fazer a reposição de bola com a mão, isso é muito utilizado em distâncias não muito longas e terá que ser rápida.

Abaixo mostraremos a melhor posição para o corpo (tronco) funcionar como uma alavanca facilitando o arremesso e com isso conseguir mais distância. Também aconselha-se que esta bola não atinja muita altura e sim distância.

Treinos podem ser feitos com o auxílio de *medicine-ball*, que acostumará os músculos do braço a uma carga maior. O goleiro notará a diferença na hora de arremessar uma bola normal.

6 – Treinamento Técnico

6. — Treinamento

A partir deste capítulo entraremos mais especificamente no trabalho a ser realizado diariamente com os goleiros. Falaremos de um modo geral sobre exercícios que visam desenvolver a agilidade, reflexo, velocidade, impulsão, enfim, tudo o que achei essencial para um bom condicionamento do goleiro.

Por falar em condicionamento existem certas inverdades sobre isso, como, por exemplo, que não é preciso o goleiro ter um bom preparo físico e sim saber apenas segurar as bolas.

É claro que o goleiro não deve seguir os mesmos treinamentos que são realizados pelos seus companheiros, porque senão a minha tese que o goleiro precisa de uma pessoa especializada para dirigir seus treinamentos iria por água abaixo.

Porém, no período em que se faz a preparação física para a temporada que vai iniciar, é muito importante que o goleiro trabalhe mais a condição aeróbica através de corridas contínuas e fracionadas e realize os testes para saber a sua avaliação física. Isto se faz necessário para que o goleiro tenha uma condição física boa e possa suportar a carga de trabalho que lhe será atribuída.

Neste período de preparação podem ser feitos *Circuit-Trainning* com o treinador elaborando um circuito visando trabalhar as qualidades essenciais do goleiro.

Depois, quando o treinador sentir que o goleiro está com o condicionamento físico ideal, seu trabalho passará a ser todo ele específico.

Antes de iniciar qualquer atividade física é preciso preparar devidamente os músculos para que os mesmos possam suportar uma certa carga de trabalho.

No capítulo seguinte apresentarei vários exercícios que podem ser utilizados durante o aquecimento. Caberá ao treinador determinar quais deles serão necessários.

A partir de agora todos os exercícios serão mostrados através de fotos, para que tenham uma idéia exata do que estou querendo transmitir. Ocorre que muitas vezes você descreve um determinado exercício, mas quem está lendo não consegue entender.

Também não posso esquecer de recomendar que todos os exercícios sejam realizados com rapidez (velocidade), com o treinador observando esse detalhe.

6.1. — Aquecimento com bola

Após realizar os exercícios de aquecimento, com o pescoço, braços, tronco e pernas devidamente aquecidos, daremos agora alguns exercícios de aquecimento com bola, que o treinador pode utilizar tanto em treinos como em jogos.

a) O goleiro posicionado no meio do gol, o treinador a uma distância de 10 m, chutar bolas a meia altura na direção do goleiro.

b) Mesma distância, com o goleiro se deslocando lateralmente de frente até o poste, o treinador chutará bolas a meia altura, deslocar para direita e esquerda.

c) Mesma distância, deslocamento lateral, com o treinador jogando bolas rasteiras com a mão.

d) Mesma distância, deslocamento lateral, com o treinador jogando bolas altas com a mão.

Nestes exercícios observar:
— posição das mãos ao fazer a defesa;
— velocidade no deslocamento lateral;
— nas bolas rasteiras, a posição das pernas (flexão);
— nas bolas altas, pegar a bola no ponto mais alto, com o joelho flexionado.

6.2. — Exercícios localizados

Prefiro que sejam feitos após o aquecimento com bola, para despertar os movimentos do goleiro e, em seguida, entrarmos na parte destinada às quedas.

São exercícios que se assim preferir o treinador, podem ser realizados fora do gol, mas lembre-se que todos têm de ser realizados com rapidez, até na hora que for levantar.

Agora vamos aos exercícios.

a) Pernas ligeiramente afastadas, o treinador joga a bola entre elas, o goleiro gira o tronco rapidamente e faz a defesa, trabalhar os dois lados.

b) Mesma posição anterior, o treinador jogará bolas rasteiras, quicadas e a meia altura, trabalha-se os dois lados, exigir rapidez ao levantar.

c) O goleiro de costas para o treinador, que lançará a bola em várias direções, o goleiro deve ficar atento para quando a bola passar, ele imediatamente fazer a defesa, pode ser bolas rasteiras, quicadas e a meia altura.

d) O goleiro sentado de frente para o treinador, que arremessará a bola alta, de lado, obrigando o goleiro a se deslocar para trás a cada defesa. Trabalhar os lados D – E.

e) O goleiro sentado de frente para o treinador, que arremessará a bola com força para bater no solo, imediatamente o goleiro tentará abafar esta bola, fazendo com que a mesma não suba muito depois de tocar o solo.

f) Formar um círculo com seis bolas, com o goleiro posicionado no meio dele, deve-se enumerar as bolas mentalmente, ao número dado pelo treinador imediatamente ir para a bola fazer o salto e a defesa.

g) Mesmo procedimento anterior, com o treinador dizendo o número da bola, mas antes de fazer o salto para a defesa pode mudar o número da bola.

h) Coloca-se seis bolas intervaladas, o goleiro tem que fazer a defesa uma por uma, ao chegar na última, ao se levantar, o treinador arremessa uma bola com força no lado oposto, rasteira, a meia altura, ou alta; trabalhar os lados D — E.

i) Goleiro de joelhos, o treinador chuta a bola em sua direção, exige firmeza na defesa.

j) Mesmo procedimento anterior, com bolas na lateral.

l) Goleiro sentado, faz o rolamento para o lado, flexiona a perna e recebe a bola chutada pelo treinador.

m) Goleiro próximo ao poste lateral, ao comando do treinador executa o apoio (deitado), em seguida salta para tocar na bola que o treinador arremessou para o alto.

n) De joelhos, treinador com 2 bolas, arremessa uma bola na direção do goleiro, em seguida a outra, lançada alta; trabalhar lados D e E.

o) Formar um círculo com 6 bolas coloridas, o treinador ordena a cor da bola e o goleiro salta para a defesa.

p) Goleiro de costa, o treinador com 2 bolas coloridas, ao comando do treinador, girar e saltar na bola da cor que o treinador ordenou.

q) O goleiro faz o rolamento para frente, ao levantar salta para defender a bola, conforme procedimento anterior.

r) Goleiro 2 a 2, saltitamentos laterais com 2 pernas.

s) Mesmo procedimento anterior, com pernas alternadas.

6.3. — Exercícios no gol com o uso das mãos

a) O goleiro posicionado no meio do gol, o treinador jogará bolas rasteiras, trabalhar os lados D – E.

b) Mesmo procedimento anterior, com bolas a meia altura.

c) Mesmo procedimento anterior, com bolas altas.

d) O treinador joga a bola a meia altura, o goleiro no meio do gol faz o salto para a defesa, em seguida volta para a posição inicial e novamente faz o salto para o outro lado, essa bola deverá ser arremessada com força, trabalhar os lados D – E.

e) O treinador deve estar a 8 ou 9 m do gol, o goleiro corre em direção a ele tocando na bola, em seguida o treinador devolverá a bola por cobertura obrigando o goleiro a ir para trás realizando o salto para a defesa, trabalhar os lados D – E.

f) Mesmo procedimento anterior, com o treinador exigindo que o goleiro faça o uso da mão trocada, trabalhar os lados D – E.

g) O treinador com 2 bolas nas mãos lançará uma em direção ao goleiro, que a devolverá em seguida, posteriormente lançará a outra no lado direito fazendo com que o goleiro faça o salto e realize a defesa, imediatamente o goleiro devolve esta bola e se levanta; o treinador repetirá o mesmo procedimento com a bola do lado esquerdo e assim sucessivamente.

h) Bolas alinhadas a uma distância de 8 m, o treinador rola a bola no canto, o goleiro faz o salto para a defesa e levanta-se rapidamente, pois o treinador rolará outra bola no outro canto e assim sucessivamente.

i) O treinador lançará bolas com força para quicar no terreno, o goleiro faz o salto para a defesa, trabalhar os lados D – E. Esse exercício deve ser feito principalmente quando o gramado estiver molhado.

j) O goleiro em pé, no poste lateral, de costas para o treinador, que está a 10 m do gol, ao sinal do treinador vira-se imediatamente e desloca-se para fazer a defesa, as bolas podem ser rasteiras, a meia altura e altas, trabalhar os lados D – E.

l) Mesmo procedimento anterior com o goleiro agachado.

m) Mesmo procedimento anterior com o goleiro sentado.

n) Mesmo procedimento anterior, com o goleiro em pé e de frente para o treinador, as bolas lançadas são altas, se necessário utilizar o auxílio da mão trocada.

o) O treinador de frente para o goleiro lançará bolas a meia altura, com o goleiro fazendo a progressão lateral para a defesa, o número de bolas deve ser igual para os dois lados.

p) Mesmo procedimento anterior com bolas rasteiras.

q) Mesmo procedimento anterior com bolas quicadas.

r) O treinador na linha de fundo, a ± 8 m do poste, o goleiro tocará no poste e o treinador lançará a bola para ele fazer a defesa, a seguir levanta-se rapidamente toca novamente no poste e o treinador lançará outra bola e assim sucessivamente, pode-se jogar bolas rasteiras, meia altura e altas com força; trabalhar os lados D – E.

s) O goleiro posicionado no meio do gol, executa-se um rolamento para a frente, quando estiver levantando o treinador lançará bolas rasteiras, meia altura e altas; trabalhar os lados D – E.

6.4. — Exercícios no gol com o uso dos pés (chutes)

Os chutes desta série tanto podem ser rasteiros, a meia altura e também altos.

a) O treinador a 10 m, coloca-se as bolas em fileiras (10), o goleiro no meio do gol, chutar bolas seguidas com força, para aprimorar a velocidade de reação do goleiro.

b) Mesma distância anterior, com o goleiro de costas, ao aviso do treinador vira-se e tenta defender as bolas chutadas com força, exigir que o goleiro vire para o lado direito e esquerdo.

c) O treinador a ± 18 m do gol, o goleiro deitado de frente para ele, ao aviso levanta-se rapidamente, pois o treinador estará chutando a bola com força.

d) Mesma distância anterior, ao aviso do treinador o goleiro realiza um rolamento para frente, ao levantar-se o treinador estará chutando a bola com força.

e) Mesma distância anterior, o goleiro de pé, com as mãos no poste lateral, de costas para o treinador, ao aviso desloca-se rapidamente para o lado oposto onde o treinador tentará chutar a bola.

f) Mesmo procedimento anterior, com o goleiro agachado.

g) Mesmo procedimento anterior, com o goleiro deitado.

h) O goleiro realizando um trote lento dentro do gol, sem olhar para o treinador, que está a ± 10 m, ao aviso, gira imediatamente de frente para o treinador que estará chutando a bola com força.

i) Cinco bolas colocadas do lado esquerdo, a 10 m do gol, o goleiro posicionado no meio do gol, ao aviso do treinador, corre, toca no poste lateral direito e volta rapidamente; o treinador ao perceber que o goleiro ultrapassou o meio do gol chutará a bola, o goleiro ao realizar a defesa, levanta-se rapidamente, corre e toca novamente no poste direito até que as cinco bolas sejam chutadas; a seguir mudar o lado.

j) O treinador, a uma distância de ± 18 m, o goleiro posicionado ao meio do gol, chutará bolas para quicar à sua frente propositalmente; realizar este exercício principalmente quando o gramado estiver molhado.

l) Chutar bolas ao gol, em diversas posições, observar principalmente a colocação certa do goleiro, para cada local do chute; bolas rasteiras, altas, canto direito e esquerdo; chutes com força.

m) Bolas alinhadas na linha lateral da grande área, chutar forte, tanto podem ser rasteiras, como altas.

n) Cruzar bolas da lateral, obrigar o goleiro a fazer a defesa no ponto mais alto, também pode-se dar o soco na bola.

6.5. — Exercícios com o uso dos cones

a) O goleiro desloca-se em ziguezague, ao chegar no último, o treinador lançará bolas rasteiras ou a meia altura; trabalha-se os lados D e E.

b) Mesmo procedimento anterior, realizar saltos sobre o cone.

c) Saltos laterais sobre o cone, mesmos procedimentos anteriores, saltar para os lados D e E.

d) Bolas rasteiras entre os cones, ao final o treinador lançará bolas rasteiras ou a meia altura, trabalhar lados D e E.

Obs.: Os exercícios também podem ser feitos utilizando chutes.

e) O treinador a ± 18 m do gol, coloca-se 6 cones intercalados à frente do goleiro (± 7 m), chutar bolas com força, de preferência rasteiras, para que haja o desvio, aprimorando o reflexo e agilidade.

6.6 – Exercícios com o auxílio da corda elástica

Utilizar 2 estacas com distância de ± 10 m e com a corda colocada a uma altura entre 0,60 e 0,80 cm.

a) O goleiro realiza saltitamentos com progressão e pode estar segurando uma *medicine-ball*.

b) O goleiro realiza saltitamento, em seguida realiza o rolamento debaixo da corda, e assim sucessivamente.

c) O goleiro posicionado ao lado da corda, o treinador lançará a bola para que o goleiro realize a impulsão e salte por cima da corda e efetue a defesa; trabalhar os lados D E.

d) O goleiro faz o saltitamento e o treinador lançará a bola no lado oposto que está o goleiro; trabalhar os lados D — E.

e) O goleiro realiza saltitamentos progressivos, ora com a perna direita, ora com a esquerda.

f) O goleiro faz o saltitamento, em seguida um rolamento por debaixo da corda, o treinador lançará a bola no lado oposto em que está o goleiro; trabalhar os lados D — E.

Obs.: Aconselho realizar esta série de exercícios quando o goleiro já possuir uma técnica mais apurada, inclusive com relação às quedas, porque ao tentar transpor a corda para realizar a defesa pode ser que tenha uma queda de mau jeito. Alguns exercícios podem ser feitos com a bola sendo chutada.

Deve-se observar e exigir que o goleiro, ao tentar fazer a defesa, não toque na corda.

7 - Exercícios em geral

Neste capítulo abordaremos os inúmeros exercícios que auxiliam no condicionamento físico de um goleiro.

Por serem vários tipos de exercícios, resolvi dividir em exercícios de aquecimento, exercícios abdominais, exercícios diversos e exercícios de alongamento.

7.1. — Exercícios de aquecimento

Tanto nos treinos como em jogos, o goleiro deve estar previamente aquecido para iniciar uma atividade.

O aquecimento em si, consiste em preparar os músculos e articulações para realizar os movimentos sem causar nenhuma lesão.

Pode-se seguir uma seqüência com exercícios para o pescoço, braços, tronco e pernas.

Todo aquecimento é sempre precedido de trote lento.

PESCOÇO

1 – Rotação lateral da região cervical da coluna vertebral.

2 – Flexão e hiperextensão da região cervical da coluna vertebral.

3 – Latero-flexão da região cervical da coluna vertebral.

4 – Circundução da região cervical da coluna vertebral.

BRAÇOS

1 – Flexão lateral da região cervical da coluna vertebral.

2 – Flexão e extensão do ombro simultaneamente.

3 – Abdução e adução do ombro, com projeção posterior dos membros superiores no final da adução.

4 – Abdução e adução horizontal com flexão de cúbito (cotovelo) no final da adução horizontal.

TRONCO

1 – Rotação lateral da região lombar da coluna lombar.

2 – Latero-flexão da coluna lombar com abdução e adução dos membros superiores.

3 – Flexão do quadril com rotação lateral da coluna lombar.

PERNAS

1 – Flexão do quadril com flexão do joelho.

2 – Flexão do quadril com abdução horizontal e flexão do joelho.

3 – Abdução com adução horizontal do quadril e flexão do joelho.

4 – Abdução do quadril com rotação lateral do quadril com joelhos estendidos.

5 – Flexão do quadril com joelho estendido, rotação lateral e abdução horizontal.

6 – Abdução do quadril com rotação lateral executando adução horizontal e flexão do quadril com joelho estendido.

CORRIDAS

1 – Corridas com progressão anterior.

2 – Corridas com progressão posterior.

3 – Corridas com progressão lateral.

7.2. — Exercícios abdominais

Podem ser realizados após os treinamentos, porém o treinador deve insistir para que sempre após todo treinamento seja feita uma série de exercícios de 100 a 200 abdominais.

Cada exercício pode ter de 20 a 30 repetições dependendo do treinador.

Os exercícios abdominais são de grande importância, pois a região abdominal é o centro de gravidade do nosso corpo, portanto se o goleiro tiver esta região bem preparada, facilitará todos os seus movimentos.

A seguir daremos um série de exercícios que trabalham a região abdominal.

1

2

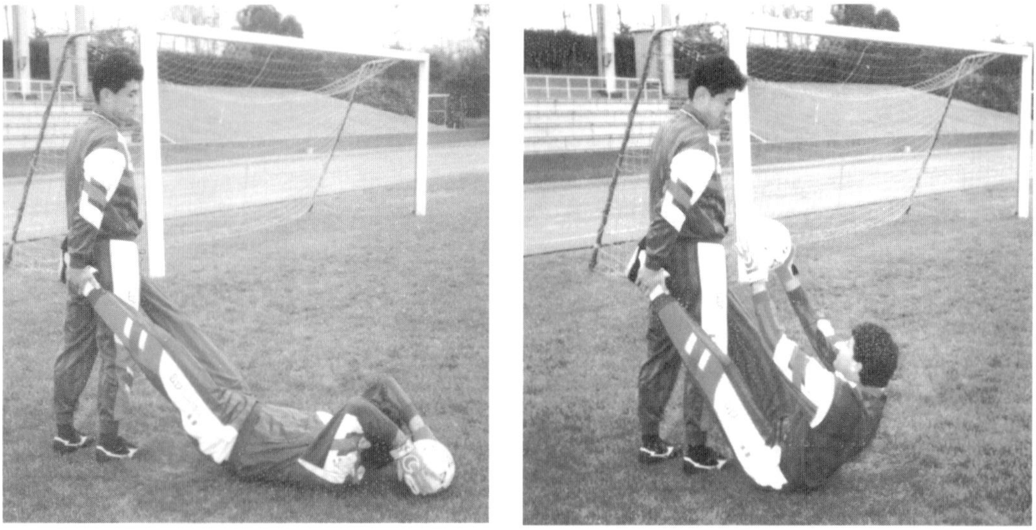

3

4

5

6

7

8

9

10

11

12

7.3. — Exercícios diversos

Existem muitos que podem ser úteis ao goleiro. Por isso resolvi mostrá-los em um capítulo à parte para dar uma ênfase maior.

São fundamentalmente exercícios que ajudam a melhorar a flexibilidade, agilidade, enfim todos os fundamentos imprescindíveis ao goleiro.

1

2

3

4

5

6

7

8

9

10

11

7.4. — Exercícios de alongamento

O trabalho de alongamento vem complementar o seu trabalho, devendo ser realizado antes e depois de qualquer atividade.

O alongamento tem por objetivo principal a redução da tensão muscular, o que conduz o atleta a obter movimentos mais soltos, prevenindo de lesões e ajudando a desempenhar suas habilidades ao máximo; deve ser feito sob medida, segundo sua estrutura muscular e sua flexibilidade.

Ao GK é fundamental, principalmente porque em treinamentos utiliza-se bastante os membros inferiores, que recebem uma carga maior de esforço.

A utilização antes da atividade serve como complemento no trabalho de aquecimento, pois você estará preparando o músculo para suportar um determinado esforço. Por outro lado a sua realização após as atividades serve como um relaxamento muscular.

O alongamento realizado através de movimentos suaves, trouxe grandes benefícios aos atletas, pois diminuiu muito os problemas musculares que, na maioria dos casos, afastavam os atletas por longo tempo de suas atividades.

1

2

3

4

5

6

7

8

9

10

11

12

13

14

15

16

17

18

19

20

21

22

23

8 – Circuit training (C.T.)

É um método adequado tanto na preparação Cardio-pulmonar como a Neuro-Muscular. É recomendada para atletas que necessitam de resistência aeróbica, anaeróbica, resistência muscular localizada, potência (força explosiva), velocidade e agilidade.

O C.T. consiste numa série de exercícios (estações), podendo ser em torno de 6 a 12 estações, com 1 a 3 passagens, dispostas seqüencialmente e realizados sucessivamente.

Quanto ao tempo de execução pode variar de 30 seg a 1 min, podendo ter o mesmo tempo de recuperação (intervalo entre estações).

Também se recomenda que as estações sejam intercaladas, ou seja, exercícios para membros superiores e na seqüência membros inferiores e assim sucessivamente.

O importante é que ao elaborarmos o C.T., os exercícios, o tempo de execução e recuperação e o número de passagens, termos a conciência dos objetivos a serem alcançados, bem como respeitar a faixa etária dos atletas.

Especificamente no nosso caso, o GK também necessita que as qualidades acima sejam treinadas, portanto, a aplicação do C.T. se faz necessária com grande aproveitamento.

A seguir mostraremos alguns exercícios que podem fazer parte de um C.T. específico para goleiro.

1

2

3

4

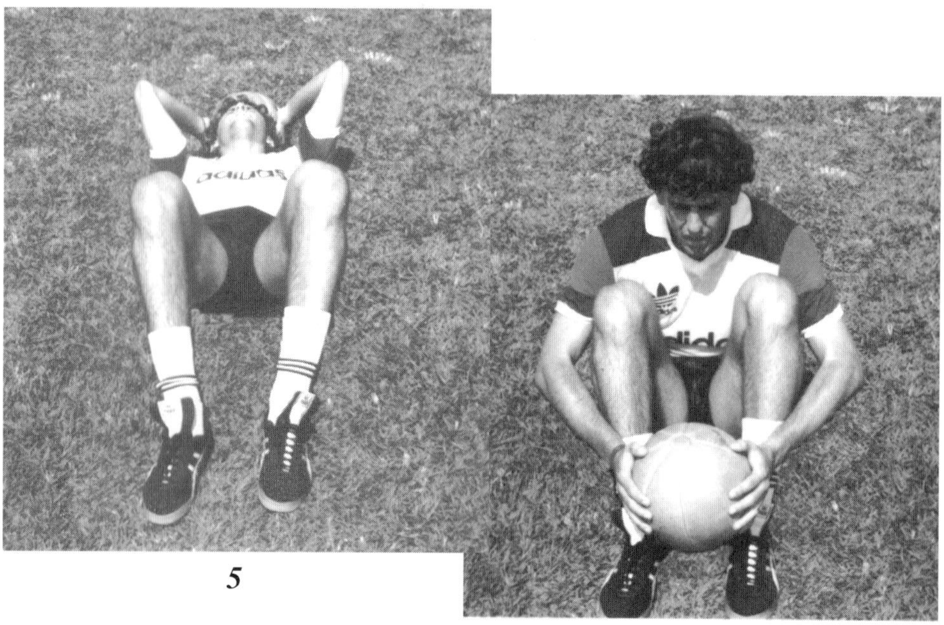

5

6

7

8

9

10

11

12

9 – Musculação

A ginástica com pesos, conhecida popularmente como musculação, tem por objetivo trabalhar os músculos esqueléticos, fazendo com que eles se desenvolvam na sua forma e apresentem melhor força, resistência, coordenação, flexibilidade (dentro de determinados limites), entre outras qualidades.

Hoje é inegável a importância da ginástica com pesos, como parte da preparação física de atletas, pois chega-se a um ponto onde só a atividade esportiva não é suficiente, então recorre-se às salas de musculação para aprimorar a condição física.

No futebol não poderia ser diferente, tanto para os jogadores quanto especificamente no nosso caso o GK. Inúmeros são os programas de treinamento que poderiam ser elaborados para essa posição, pois as variáveis são muitas como peso, repetições, séries, exercícios, intervalos, amplitude de movimento, volume, intensidade de treino etc.

Para se montar um programa adequado faz-se necessário conhecer bem o atleta e respeitar suas características individuais, seus objetivos e/ou necessidades.

Além da preparação física, a musculação é extremamente útil como profilaxia (prevenção de lesões, no caso dos esportes) e na reabilitação/terapêutica (reabilitação de lesões de joelho e demais articulações).

Mas também estas aplicações devem ser elaboradas respeitando as condições e necessidades do atleta, tomando sempre o cuidado com os exercícios que o atleta pode ou não realizar.

Por estes motivos aconselhamos que esses procedimentos sejam realizados por profissional competente, com boa formação acadêmica e experimentação prática, para montar o programa ideal de treinamento.

Sendo assim esse livro não tem o propósito de dar uma receita (a série ideal para o GK), pois isto não existe. Não existe o treino ideal para todos igualmente, pois o programa de musculação, com objetivos tanto de preparação física, reabilitação ou profilática, deve ser individual.

Vamos apenas nos restringir a mostrar alguns exercícios que poderiam ser utilizados como parte da preparação física do goleiro.

Daremos a seguir os exercícios nos aparelhos e os músculos (principais) que são exigidos no momento da sua realização.

1 – MUSCULO DA COXA

– Agachamento com barra

Agonistas: quadríceps da coxa.
Sinérgicos: glúteos, ísquiotibiais, adutores, lombares.

– Agachamento inclinado (Hack)

Agonistas: quadríceps da coxa.
Sinérgicos: glúteos, ísquiotibiais, adutores, lombares.

– Leg Press inclinado

Agonistas: quadríceps da coxa.
Sinérgicos: glúteos, ísquiotibiais, adutores, lombares.

– Extensão do joelho no aparelho (cadeira extensora)

Agonistas: quadríceps da coxa.

2 – MUSCULO DA PERNA

– Elevação na ponta dos pés (em pé)

Agonistas: gastrocnêmio, sóleo.

– Elevação na ponta dos pés (sentado)

Agonistas: gastrocnêmio, sóleo.

3 – PEITORAL

– Desenvolvimento supino com barra

Agonistas: peitoral maior (todas as fibras)
Sinérgicos: deltóide anterior, tríceps braquial.

– Desenvolvimento supino com barra inclinada

Agonistas: peitoral maior (fibras claviculares).
Sinérgicos: tríceps braquial, deltóide anterior.

4 – DELTÓIDE

– Desenvolvimento à frente

Agonistas: deltóide anterior.
Sinérgicos: deltóide lateral, trapézio, tríceps braquial.

– Elevação laterais

Agonistas: deltóide lateral, deltóide anterior.
Sinérgicos: trapézio, rombóides.

5 – DORSAIS

– Puxador alto (atrás)

Agonistas: redondos, grande dorsal.
Sinérgicos: rombóides, braquioradial deltóide posterior, bíceps braquial.

– Remada sentada (puxador)

Agonistas: redondos, grande dorsal.
Sinérgicos: trapézio, deltóide posterior rombóides, braquioradial, lombares, bíceps braquial.

6 – BRAÇO – Bíceps braquial

– **Rosca direita com barra**

Agonistas: bíceps braquial, braquial.
Sinérgicos: braquioradial.

– **Rosca apoiada (Scott)**

Agonistas: bíceps braquial, braquial.
Sinérgico: braquioradial.

Tríceps braquial

– Extensão no puxador (Pulley)

Agonistas: tríceps braquial.

– Extensão francesa com barra

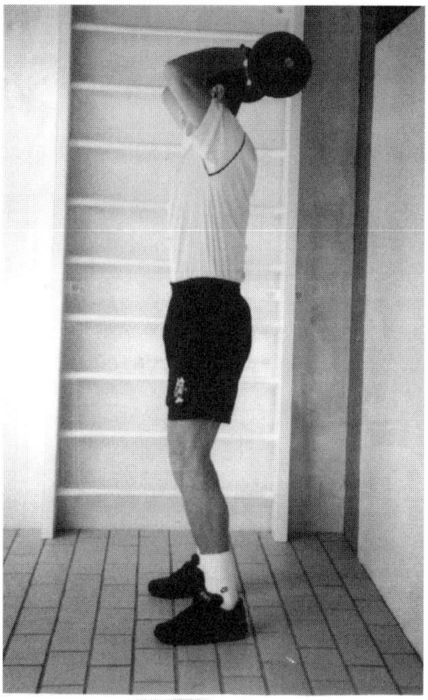

Agonista: tríceps braquial.

7 – ANTEBRAÇO

– Rosca de punho

Agonistas: flexores do punho e dedos.

– Rosca inversa com barra

Agonista: braquioradial
Sinérgicos: extensores do punho e dedos bíceps braquial, braquial.

Agonista: músculo(s) principal que atuam no movimento.

Sinérgicos: músculo(s) secundário que atuam no movimento.

10 - Acessórios do goleiro

Todo goleiro deve ter uma atenção especial com o seu material, tanto de jogo como de treino. Se puder, conservá-los sempre em bom estado.

Considero importante o goleiro estar sempre bem uniformizado. O próprio goleiro deve escolher a cor, o modelo e o tamanho do seu material.

Possuir "presença" dentro do gol, também é um dos requisitos de um goleiro.

Hoje em dia existem vários acessórios que o goleiro pode utilizar, mostraremos alguns e suas utilidades.

Luvas — é de fundamental importância escolher o modelo que mais lhe proporcione segurança, atualmente existem modelos de luvas para serem utilizados em dias de chuva ou não.

Camisa — a cor fica a critério de cada um, porém é inconveniente que se use uma camisa apertada, que dificulte os movimentos.

Calções — também não podem ser apertados, no meu caso sempre preferia os mais compridos, pois nos protege das escoriações no momento da queda.

Calças — não vejo nenhum problema se optar por seu uso, é aconselhável principalmente em dias de muito frio.

Boné — em dias de muito sol, ele pode nos atrapalhar, principalmente se estiver de frente para o goleiro, sendo assim o boné nos protegerá.

Caneleira — como muitas vezes o goleiro tem que dividir a bola com o adversário, a caneleira é de essencial importância.

Ataduras/Bandagens — podem ser aplicadas tanto nos pés como nos punhos, para me proteger de futuras torções.

Chuteiras — existem várias marcas e modelos, cabe ao goleiro escolher a de sua preferência, recomendo que sejam de travas, pois se o goleiro, ao realizar um movimento, escorregar, poderá ser fatal; este tipo de chuteira facilita o apoio evitando futuras adversidades.

11 – Frases sobre o Goleiro

Este item serve para ilustrar este material e também para mostrar quantas frases do cotidiano existem com relação ao goleiro.

Por serem do cotidiano, seria impossível conhecer os seus autores.

Algumas são bem interessantes e têm fundamento:

"Goleiro é tão amaldiçoado, que onde pisa nem grama nasce."

"Para se tornar um bom goleiro, tem que fazer três coisas: treinar, treinar, treinar."

"Um dia, o herói; no outro dia, o vilão."

"Goleiro bem treinado é certeza de bons resultados."

"Goleiro nos treinos é sempre o primeiro a chegar e o último a sair."

"Se passo um dia sem treinar, eu sinto a diferença; se passo dois dias sem treinar, os meus companheiros sentem a diferença; se passo três dias sem treinar, o público sente a diferença."

"O goleiro é o estraga festa do futebol."

"Goleiro não basta ser bom, tem que ter sorte."

"A sorte é conseqüência de muito trabalho."

12 – Considerações finais

Desejo sinceramente que terminando de ler este material, eu tenha contribuído um pouco para o seu sucesso, tanto de goleiros como de treinadores.

Ficaria satisfeito se pelo menos 30% do que escrevi fosse realizado a cada treinamento e por conseguinte nos jogos.

Este material contém mais de 60 tipos de exercícios específicos para os goleiros (não incluindo os exercícios de aquecimento, abdominais, diversos, alongamentos, *circuit-trainning*) musculação e assim o treinador pode variar os seus treinos, para que não caiam na rotina, ou seja, todos os dias a mesma coisa, chega a ser negativo para os goleiros.

Seria impossível todos os exercícios serem aplicados a cada treino, o treinador deve saber dosá-los e cada dia tentar trabalhar um pouco as qualidades do goleiro, como agilidade, velocidade, reflexo, impulsão, elasticidade etc.

Os exercícios devem ser administrados exigindo o máximo de empenho e esforço dos goleiros.

Quando forem realizados os exercícios específicos, que exigem muitas quedas, recomendo não utilizar apenas a trave do campo de futebol, pois geralmente o local é duro e o seu uso freqüente pode fazer com que acabe com a grama. Aconselho o uso do gol móvel, em local bem gramado, ou até mesmo a caixa de areia.

Quando estiver em véspera de jogo é interessante que se dedique mais aos escanteios, faltas com barreiras, tiro de meta, reposição de bola com as mãos ou pés, ou seja, treinar todas as situações freqüentes durante os jogos.

O importante é que o goleiro treine com muita satisfação, procurando dar tudo de si para obter os melhores resultados e adquira confiança naquilo que está fazendo, para que nos jogos coloque tudo o que foi treinado em prática.

Mas não podemos deixar de lembrar que o goleiro deve treinar todos os dias.

Agora amigos, vamos em frente, temos muito trabalho pela frente e desejo a vocês

BOA SORTE